AF400110

EMPORTE PAR LES MOTS

NATHAN DOMINI

EMPORTE PAR LES MOTS

Chers lecteurs, chères lectrices.

J'écris ce recueil pour vous, pour moi, pour toutes ces âmes tourmentées, à part de la société, en quête d'identité, en recherche de compréhension, amoureuses, joyeuses, tristes ou solitaires.

J'écris ce recueil dans l'espoir que mes mots sauront vous emporter, comme ils me transportent un peu plus chaque journée.

Préface

*On m'a souvent reproché de ne pas assez
communiquer. Je vous l'accorde, c'est pour
moi une réelle difficulté.*

*J'ai toujours eu l'impression d'être trop ou au
contraire pas assez. D'être un esprit à part,
trop voyageur, trop rêveur, trop sentimental,
trop émotif, trop.*

*Je n'ai jamais su comment exprimer aux
autres les sentiments que je ressentais sans
me sentir submerger.*

*J'ai aujourd'hui 17 ans et mon armure
disparait peu à peu grâce à l'écriture. C'est
dans la poésie que je me suis senti pour la
première fois compris.*

Les mots m'ont sauvé.

*Bien plus qu'une passion, l'écriture est pour
moi ma deuxième maison.*

Remerciements :

*Je tenais tout particulièrement à
remercier ma mère et ma marraine
sans qui ce recueil n'aurait jamais vu
le jour ainsi que mes amis qui ont
toujours cru en moi.*

Avertissements : Ce recueil aborde la santé mentale et certains sujets durs comme le suicide, la dépression, les troubles alimentaires, les agressions sexuelles ou la scarification.

Sommaire

DES JOURS DE PLUIE

La dépression ce n'était pas qu'un sentiment

de tristesse.

C'était surtout cette fatigue constante.

Ce désintérêt.

Cette absence d'émotion,

de motivation,

pour tout.

C'était ces journées à dormir

puis ces nuits sans fermer l'œil.

C'était ce tas de linge au sol.

Cette lassitude.

Cette solitude.

Ces idées noires.

L'envie de tout foutre en l'air, même moi.

Je fixais mon reflet dans le miroir

encore et encore.

Je pleurais devant le miroir

encore et encore.

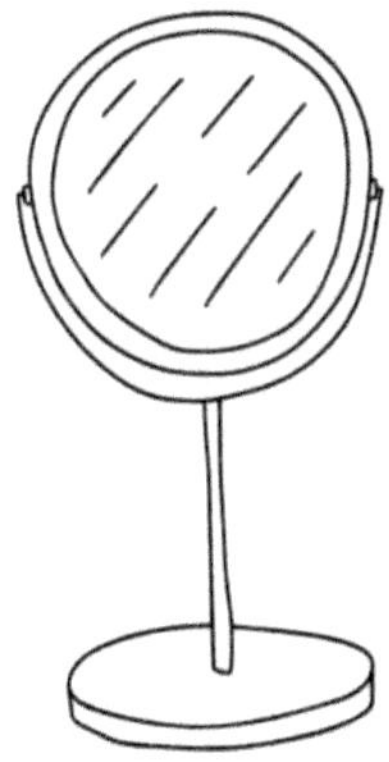

Je repense à toi, Raphaël,

et à moi à genoux devant toi.

A tes gifles

à tes coups

à tes mains autour de mon cou.

*Je repense à mes pleurs, à ta joie, et à tous
ces regards braqués sur moi.*

A ces rires, à ces silences.

Je repense à mon corps le soir, taché de bleus

de violet et de noir.

Quel sombre tableau

sur mon corps

tu avais créé.

- *Le harcèlement*

J'aurais aimé

te hurler ma douleur

et te supplier

 plus fort d'arrêter.

Mais je n'étais qu'un enfant

apeuré,

tétanisé.

Il aimait le bleu et toutes ces nuances.

Il aimait à observer chacune des teintes
bleutées colorant le paysage.

Chaque couleur azurée qu'il découvrait était
unique, il en existait une infinité toutes
différentes.

Il aimait le bleu du ciel, le bleu de l'eau, le bleu
des fleurs, mais pas les bleus sur sa peau.

En effet, sa couleur préférée il l'avait partagée
durant sa scolarité et voulant lui offrir un
cadeau tous ces copains se mirent à peindre
de bleus son dos.

 Avec leurs doigts, avec leurs mains, avec
leurs poings, chaque jour durant des mois ils
peignèrent son corps encore et encore.

Rentrant en pleurs chaque soir, le corps un
peu plus bleu,

il le comprit trop tard mais non,

ce n'était pas un jeu.

Le son de ta voix fait trembler la mienne

et au contact de ta peau m'effleurant

c'est tout mon corps qui frémit.

L'amour s'est transformé en peur,

et j'en tremble

et j'en pleure.

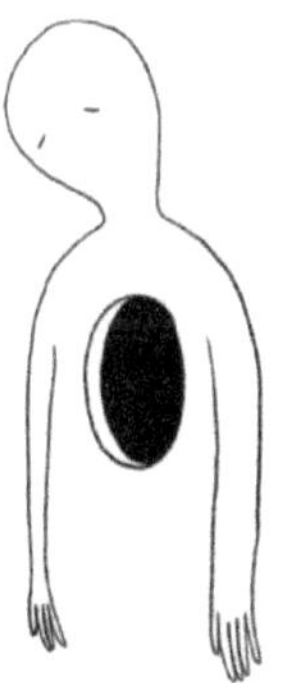

Mon silence était un non que j'aurais aimé hurler mais que je n'ai jamais réussi à murmurer.

L'anorexie m'a un jour attrapée,

et j'ai alors pensé que plus jamais elle ne me quitterait.

Chaque repas, chaque bouchée était un cauchemar éveillé.

A une plume j'ai voulu ressembler,

si léger que je volerai.

Laisser moi brûler mes ailes pour m'en créer de nouvelles.

Laisser moi sans manger, c'est ainsi que je m'envolerai.

Indélébile est ton visage, pour toujours gravé dans mon esprit.

Je te cherche partout où tu n'es pas, et où désormais plus jamais tu ne seras.

J'entends des rires derrière moi, je me retourne, c'est peut être toi ?

Non, ce ne sont que des enfants.

Tout comme tu l'étais la nuit où tu as décidé de tout quitter.

J'aurais eu tant à te dire,

tant à t'offrir,

tant à partager avec toi.

J'aurais aimé

juste une dernière fois

te serrer dans mes bras

et te dire ô combien

je tenais à toi.

*Il lui aura donné son cœur, son corps, son
âme, jusqu'à lui donner sa vie.*

Enfermé dans cette chambre, je vois la vie en noir et blanc.

Le mur noir, le plafond blanc.

Le couloir noir, la lumière blanche.

Les idées noires, puis les nuits blanches.

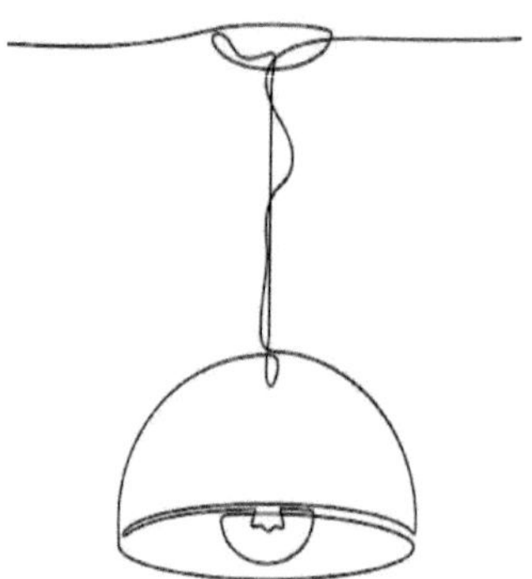

03h01

Cela fait plusieurs heures que je ne trouve pas le sommeil. Plusieurs jours, voir années en toute honnêteté.

Pendant une courte période, il me semble les insomnies m'avaient abandonné aux bras de Morphée, mais aujourd'hui je ne peux m'empêcher de tressaillir à l'idée de dormir.

J'ai pris l'habitude de me coucher à l'aurore, le soleil levant car je ne puis me résoudre à fermer les yeux la nuit durant, mais pas seulement.

Dans la douche, dans mon lit, tous les soirs, sans un bruit, dès lors que mes paupières tomberont, je sentirai ta main se poser sur ma bouche et il sera alors bien trop tard pour crier.

Tu aimais l'obscurité alors je laisse chaque soir, la lumière allumée.

Alors, j'ai tiré la chasse, séché mes larmes, lavé mes mains, et ouvert le verrou de la salle de bain.

 Je suis retourné à table, devant cette assiette vide.

Mes parents étaient toujours assis à leur place, ils n'avaient pas bougé. Silencieux, ils me scrutaient d'un regard inquiet et apeuré.

 Je ne voulais pas l'avouer.

J'aurais aimé continuer à faire comme si de rien était.

Comme si personne n'entendait,

comme si personne ne remarquait

mes escapades

chaque soir,

après le dîner.

-   Compensation

Tu m'as brisé le cœur en tellement de petits morceaux qu'il m'a fallut apprendre à vivre avec une âme déchirée.

Je te vois

rire

sourire

répéter que tout va bien.

Et tu penses être un bon acteur mais tes yeux te trahissent.

Je vois au fond d'eux, tes larmes couler.

J'aimerais t'aider à affronter tes douleurs, tes peurs, tes cauchemars et tes idées noires.

J'aimerais être là pour toi quand cela ne va pas, sécher tes larmes et te prendre dans mes bras.

Mais tu continues de sourire comme si je ne remarquais pas

qu'au fond de toi

ton mal s'accroît.

J'ai parfois l'impression d'être un bateau en plein naufrage.

Oui, je m'avoue vaincu.

Tes moqueries et tes coups m'ont eu.

J'ai rêvé de ton corps tant de nuit en mutilant le mien à la place.

Je l'ai privé de rire, de sourire et de guérir en le privant également de se nourrir.

Je régurgitais chacun des rares aliments qui touchaient mes lèvres pour te plaire, pour me plaire.

Il fut un temps où je pensais ne pas en avoir besoin pour être aimé, mais tu m'as prouvé le contraire.

-   Amitié toxique

Mon corps inerte dans le froid de l'hiver

sans mouvement,
sans vêtement,
nu sur le sol blanc.

Mon teint se blanchit
mon corps se refroidit
bientôt je serai parti
et délivré sera mon esprit.

Mon consentement est le plus fondamental de mes droits et pourtant celui que tu n'as jamais respecté.

J'ai marqué sur mon corps toute la douleur de
mon esprit.

Toute cette douleur dont mes insomnies en
sont le fruit, toute cette douleur qui malgré
tout n'est pas partie.

Tout comme ces cicatrises que je garderai à
vie.

LA MELANCOLIE DU CŒUR

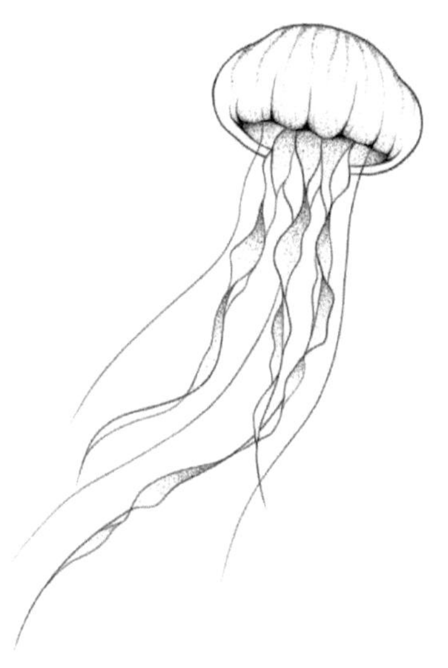

Et dans cette salle de projection obscure emplie d'étrangers,

seule la lumière de l'écran les éclairait.

Dans la pénombre, j'apercevais leurs deux corps blottis et leurs gestes débordants de tendresse.

Je reconnu en eux une connexion si forte que je compris immédiatement que l'un sans l'autre n'était pas entier.

Ensemble, ils avaient trouvé ce que beaucoup chercherons avec désespoir toute une vie.

Ils avaient découvert l'inéluctable besoin de l'autre, l'apaisement soudain d'un regard, d'un sourire, d'un baiser.

Ils avaient embrassé ce sentiment d'entièreté.

Je ne distinguais rien de plus que leurs silhouettes mais cela suffisait à ressentir l'Amour véritable de deux âmes.

*Tu ne fus qu'une étincelle dans une nuit
d'étoiles filantes,*

pourtant tu brillais tellement.

Je rêve de t'enlacer une toute dernière fois

ma tête contre ton cœur

et mes bras autour de ton cou

nous valserions comme avant

lorsque nous n'étions que des enfants.

Je te vois la regarder comme l'on regarde une muse.

Je te vois l'admirer, son reflet brillant dans tes yeux pétillants.

Je te vois scruter les moindres faits et gestes que ton regard fixé sur son corps pourrait provoquer,

je te vois lui sourire et je te vois l'aimer.

L'aimer elle, comme autrefois, je crois, tu m'aimais moi.

Comment ?

Comment ?

Comment peux-tu me regarder comme un inconnu,

alors qu'hier encore il n'y avait que mes yeux pour lesquels les tiens brillaient ?

Oh j'aurais pu observer des jours durant, la courbe de tes lèvres rosée et le sourire que tu esquissais lorsque nos regards se croisaient.

Oh j'aurais pu contempler des jours durant, la beauté de tes yeux scintillants me rappelant les couleurs brunes automnales.

C'était chaque partie de toi qui m'émerveillait.

Je pourrais en aveugle peindre ton portrait ainsi que chaque courbe de ton corps que parfaitement je dessinerai tant j'aimais à les admirer.

Ton

absence

pèse

plus

lourd

que

ton

amour

J'ai cherché à t'offrir quelque chose d'éternel, quelque chose qui dirait à quel point tu es belle. Rien n'était assez fort pour décrire mon amour, j'ai alors écrit et cela durant des jours.

J'ai vu mon monde s'écrouler le jour où tu m'as dit « nous n'avons qu'à rester amis ».

J'ai envie de ton corps, de ta peau, de tes mains.

J'ai envie de ton cœur, de tes yeux dans les miens. Que tu me touches, que tu m'enlaces et m'embrasses imprégnant mes draps de ton parfum.

Je veux suspendre le temps l'espace d'une nuit à tes côtés, que tu m'aimes et plus que tout, je veux t'aimer.

Et même si cet instant au soleil levant se termine, qu'importe, je veux le vivre comme je n'en vivrai jamais de pareil car aucune âme, je ne désire comme la tienne.

Ô jalousie,

j'ai chaque soir durant des années cherché des mots pour te décrire, aucun n'a jamais suffit.

Tu étais trop pour être écrit, tu étais trop même pour être ressenti.

Tu me submerges de questions, de peurs, de pleurs et d'incompréhension.

Je suis jaloux, envieux de ces regards, de ces sourires et de ces mots qu'il offre à d'autres, peut-être plus qu'à moi ?

Tous les arbres chantent ton nom et même la mer le murmure.

Elle se loge dans mes rêves et demeure dans
mon cœur.

Elle est de celles qui n'ont besoin de mots
pour parler, de celles qui portent sur leur dos
le poids du passé.

Son regard était pareil à la mer et son sourire
au soleil levant.

C'est à ses côtés, que je rêve chaque matin de
me réveiller.

*Et même si je reste muet, que dans le placard
je reste caché, si un jour tu veux bien de moi, il
te suffira d'un mot et je serai à toi.*

Mon amour pour toi ne saurait se décrire avec
des mots.

Pourtant, il est là à chaque regard échangé, à
chaque sourire partagé et à chaque fois que
nos mains se sont enlacées.

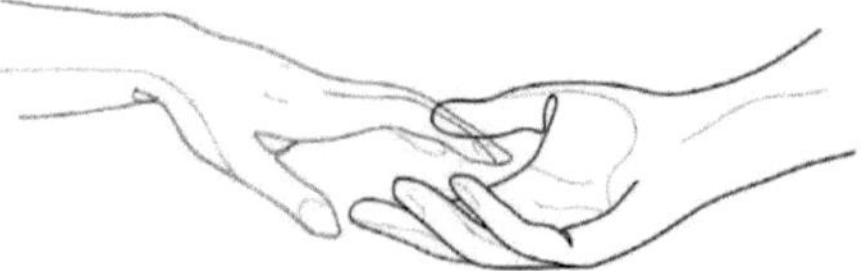

J'appréhende la foule, et le regard d'autrui.

J'appréhende la mort, presque autant que la vie.

J'appréhende le soir, de rester dans le noir.

J'appréhende qu'il n'y ait plus aucun espoir.

Mais dès lors que mes yeux se plongent dans les tiens,

je n'ai plus peur de rien,

dans tes yeux tout va bien.

-   Alexandrin

Toi à qui je confierai ma vie,

toi qui es ma meilleure amie,

toi qui m'élèves petit à petit.

Tu es ma lumière dans l'obscurité et cela depuis

que je suis né,

je t'aimais, je t'aime et pour toujours je

t'aimerai.

- *A ma marraine*

Maman, toi qui me berces depuis que je suis enfant,

toi avec qui je partage le même sang,

mon amour pour toi est si important.

Même si aujourd'hui je suis grand

je garde à ton égard les mêmes sentiments.

Je t'aime de tout mon cœur, maman.

Quand je te verrai, je t'embrasserai.

Je ne t'embrasserai pas seulement de mes lèvres ni de mon corps.

Je t'embrasserai de mes joies, de mes rires, de mes peines, ainsi que tu m'embrasseras des tiennes.

Je ne crois pas qu'elle distingue toute la beauté, toute la bonté, toute la générosité, toute la gentillesse, toute la joie et les quelques brins de tristesse qui se dégagent d'elle. Elle est rayonnante et étonnante.

Son sourire est d'or et ses rires de diamant. J'aimerai l'aimer jusqu'à la nuit des temps.

« Je t'aime » quelques fois prend la forme de
« j'aimerai t'aimer » et chuchote parfois « aime
moi ».

Comme une rose, je perdis peu à peu mes pétales. Des hivers rudes aux chaleurs d'étuves qui accompagnèrent mes étés, les pires restèrent les automnes qui inertaient ma corolle. Dans ce tourment saisonnier, tu fus un magnifique printemps ensoleillé.

Un jour j'ai lu une phrase qui disait « pour toujours dans mon cœur plus jamais dans ma vie » j'ai alors pensé à toi.

Embrassons-nous sous le vent

embrassons-nous sous la pluie

embrassons-nous à minuit.

Je veux m'enfuir avec toi.

*Nous irons voir la mer, courir dans les champs
ou danser sous la pluie.*

Je veux m'enfuir avec toi.

*Le temps d'un baiser, d'une danse, ou
pourquoi pas d'une vie.*

Je veux m'enfuir avec toi.

*Sentir ta main enlacer la mienne, mon cœur
s'emballer puis ton regard me bercer.*

Je veux m'enfuir avec toi.

*Contempler ton sourire, puis dans tes bras
m'endormir sans songer à l'avenir.*

*Je veux ressentir à tes côtés ce frisson
d'insouciance et de frivolité*

ce frisson d'un amour passionné

ce frisson d'une vie exaltée.

*Je rêve de tes lèvres et je désire ton corps.
Je t'en prie, laisse-moi m'ancrer sous ta peau,
demeurer dans ton cœur et t'aimer sans
repos.*

BALADE NOCTURNE

*Pour toutes celles et ceux qui n'ont pas réussi
à demander pardon, ce poème est pour vous.*

Parfois un acte de courage,

parfois un acte d'humilité

le pardon est avant tout un acte de liberté.

*Demander pardon, c'est admettre que l'on
n'est pas toujours maître.*

*Demander pardon, c'est comprendre qu'on a
encore beaucoup à apprendre.*

*Demander pardon, ce n'est pas demander
l'oubli ou la compréhension.*

*Demander pardon, c'est avant tout demander
l'amour de l'autre malgré nos fautes.*

J'aimerais que les vagues

me prennent et m'emmènent

si loin que j'oublierai d'où je viens.

Je suis désolé pour toi qui n'a jamais reçu les excuses que l'on te doit.

J'ai tenté d'écrire mais en vain.

Au bout du rouleau

comme au bord d'un ravin,

je souris un peu trop

comme pour dire « tout va bien ».

C'est encore le même refrain qui revient

quelques notes de piano

et quelques verres de vin.

Quelques belles photos

et soudain tout revient.

J'avais besoin de ton soutien

mais tu es parti

et tu ne reviendras pas demain.

Dans ma tête c'est le chaos,

dans mon cœur c'est un fiasco

je suis à présent seul sur ma moto.

Il faut savoir trouver le soleil même lors des jours de pluie.

*Sur les vagues de mes pleurs, je navigue.
Malgré l'orage, je ne perds pas mon courage.
Demain, le soleil reviendra et la mer se
calmera.*

A travers la fenêtre de l'hôpital, je vois la vie.

Des amis discuter, des amants s'embrasser, des feuilles tomber et les saisons défiler.

J'observe le ciel pleurer quelques fois puis sourire à nouveau.

Je vois le monde changer et continuer à avancer. Moi, je suis toujours là, à l'observer.

J'admire la vie sous tous ces angles, vu d'ici elle semble si jolie, à travers la fenêtre de l'hôpital.

Lorsque la nuit tombe et que la vie semble s'être endormie, je me demande s'il y en a encore en moi, de la vie ?

Peut-être, en moi aussi s'est-elle endormie, enfuie, envolée, fais-je parti de ces feuilles mortes qui sont tombées ?

Ou seulement d'un ciel attristé attendant d'être ensoleillé ?

Je me souviens du soleil sur mes joues rougies par le froid.

Les pieds dans la neige, le sourire à mes lèvres et l'écharpe à mon cou.

Qu'importe de quoi demain sera fait, aujourd'hui est un jour parfait.

Il parait triste

un peu maussade

un peu perdu

un peu timide

un peu tendu.

Le matin, parfois nous nous croisons,

parfois nous nous parlons,

*et parfois, nous passons et nous nous
ignorons.*

*Je ne le connais pas vraiment, le voisin d'à
côté.*

Il pourrait déménager, je n'en saurais rien.

*Pourtant, j'espère chaque matin croiser son
chemin.*

Un moment éphémère pour un souvenir éternel.

On m'a dit non,

que je n'étais pas assez bon.

Mais j'ai continué

et j'y suis quand même allé.

*Comment vivre avec des gens qui voient la vie
en couleurs quand moi je suis monochrome ?*

Je déteste quand tu me mens, l'impression de ne pas être suffisant.

Couloir noir, tout peint de blanc.

Lumières éteintes, parfois vacillantes.

Il est tard, sûrement trop tard, qu'importe.

Je reste assis ici, dans le noir, je réfléchis.

Telles les lumières de cet immense couloir, je vacille moi aussi.

N'oublie jamais qu'il y a toujours des solutions.

Tout est possible, je crois en toi.

Il faut parfois se laisser emporter par les mots pour guérir.